AF555473

LES ILLUSTRES FUGITIFS,

OU

LES TROIS JOURNÉES.

A MADAME QUÉRIAU.

L'on sait par quel charme touchant,
Par quelle grâce enchanteresse,
Mère, héroïne, espiègle, enfant (*),
Tu nous commandes la tendresse;
Je connais les ressorts secrets
Que tu surpris à la nature,
Tes talents, ton cœur, tes succès,
En traits de feu parlent sur ta figure.
Si ton ame peint le bonheur,
On goûte un charme inexprimable !
Quand tu gémis dans le malheur,
On te nomme l'inimitable :
L'amour, pour essuyer nos pleurs,
De tes yeux cherche la blessure,
Bien certain qu'au fond de nos cœurs
Ils ont gravés ton aimable figure.

BIGNON.

(*) Jenny, les Fugitifs, la Forteresse.

LES ILLUSTRES FUGITIFS,

OU

LES TROIS JOURNÉES,

PANTOMIME EN TROIS ACTES,

ET A GRAND SPECTACLE;

PAR M. BIGNON, comédien,
Auteur des *Chevaliers du Soleil*, de l'*Orang-Outang*, pantomimes.

Et M. EUGÈNE HUS, Maître des Ballets, qui a mis la pièce en scène.

Musique de M. ALEXANDRE PICCINI, Artiste de l'Académie Impériale de Musique.

Représentée, pour la première fois, à Paris, sur le théâtre de la Porte St-Martin, le 8 janvier 1807.

A PARIS,

Chez BARBA, Libraire, palais du Tribunat, derrière le Théâtre Français, n°. 51.

1807.

PERSONNAGES.	ACTEURS.
Le grand Duc D'HARESBURG.	M. *Mérante.*
Le Comte LUDOWIGTZ, accusé de conspiration.	M. *Lefèvre.*
La Comtesse HISPÉRIA, son épouse.	Mme *Quériau.*
BELLY, âgé de 4 ans, fils du Comte et de la Comtesse.	Mlle *Descuyer.*
HANTZ, écuyer, confident du Grand Duc.	M. *Auguste.*
LUGNER, paysan bucheron.	M. *Eugène Hus.*
MAGDA, sa femme, nourrice de Belly.	Mme *Bellement.*
WRETTCH, chef de Pirates.	M. *Odry.*
FRITTCH, BROODZ, Valets de ferme chez Lugner.	MM. *Alerne*, *Sévin.*
Un Officier de l'Empereur.	M. *Susté.*
Un Trompette.	
Dames du château d'Haresburg.	
Quatre Domestiques du grand Duc.	
Trois Factionnaires.	
Gardes.	
Pirates.	
Bucherons et Paysannes.	

La scène se passe en Allemagne.

LES ILLUSTRES FUGITIFS.

ACTE PREMIER.

Le théâtre représente une campagne fleurie. Au fond de la scène est une montagne très-élevée. Presque au bas un petit chemin étroit et détourné, pratiqué sur des rochers, et interrompu, au milieu, par une espèce de voûte naturelle brisée par le temps. Un poirier se trouve à peu de distance de cet endroit; du côté opposé, une fontaine entourée de roseaux. Sur le devant de la scène, à droite du spectateur, est un corps-de-logis de la ferme de Lugner; précédé d'une espèce de hangard, vû en partie. Après la porte d'entrée, est une fenêtre de rez-de-chaussée; ensuite, une petite porte conduisant à la bergerie. Au haut de la maison, sous le toît, une fenêtre de grenier, fermée d'un mauvais volet. Sur le devant de la scène, en avant du hangard, un vieux tronc d'arbre abattu, renversé comme un banc, et creusé dans toute sa longueur. De l'autre côté, est une masure garnie seulement d'une porte qui ferme à clef.

SCENE PREMIERE.

Au lever de la toile, on voit différens groupes de Bucherons occupés à abattre des arbres, et à faire des fagots. A mesure que l'ouvrage avance, une partie des ouvriers s'éloigne par les coulisses de droite ; l'autre partie entre dans la maison de Lugner portant divers fardeaux. En même tems, on apperçoit un peloton de Gardes du grand Duc, traverser le sommet de la montagne.

SCENE II.

Le comte Ludowigtz, la comtesse Hispéria, son épouse, et le jeune Belly, leur fils, paraissent au bas de la montagne, sur le petit chemin des rochers, du côté de la masure. Les gardes, qui sont encore dans le lointain, ne peuvent les appercevoir, et sortent après avoir examiné autour d'eux.

SCENE III.

Les Illustres Fugitifs se montrent dans l'état le plus déplorable; accablés de fatigue, et mourant de besoin; l'enfant surtout est prêt de succomber : tous trois se traînent avec peine. Le comte Ludowigtz, levant les yeux au ciel, comme pour l'implorer, apperçoit l'arbre à fruit, le fait remarquer à son épouse, et rassemble le peu de forces qui lui restent pour y monter. La Comtesse découvre en même tems la fontaine, détache vivement une tasse de coco qu'elle porte à sa ceinture ; mais comme il faut descendre sur quelques rochers peu praticables pour arriver à la source, elle dépose, dans une touffe de feuillages, sous la demi-voûte que forme l'interruption du chemin, le petit Belly presque évanoui.

Le Comte, dans l'arbre, cueille des fruits ; la Comtesse, parvenue au milieu des roseaux, puise dans la fontaine. Elle est prête à remonter ; son époux prêt à descendre.... On entend une nouvelle patrouille ; le Comte et la Comtesse, par un mouvement spontané, se cachent, l'un, dans son arbre, l'autre, dans les roseaux.

SCENE IV.

Le peloton de Gardes, conduit par Hantz, reparaît. Il avance par le petit chemin de droite à gauche, marche doucement et dans le plus grand silence. Quand les soldats sont arrivés à l'endroit où la route est interrompue, et où l'enfant est caché, ils s'arrêtent avec surprise, et font ensuite le mouvement de vouloir sauter en bas... Ils vont écraser le malheureux enfant, ou, tout au moins, le découvrir !... A l'instant, un bruit les fait retourner... Ce sont les Bucherons qui sortent de la maison de Lugner, conduits par lui-même. Ils apperçoivent les Gardes, et les invitent à venir faire halte chez le patron. Les Gardes rétrogradent. Lugner appelle Frittch et Broodz, ses valets de ferme, et les envoie chez lui, chercher des provisions. Les Gardes viennent en scène; les deux valets, précédés de Magda, femme de Lugner, apportent du pain, des fruits, et plusieurs flacons de terre.

SCENE V.

Les gardes se rafraîchissent. Lugner et Magda interrogent Hantz sur l'objet de sa mission. L'Officier prend des mains d'un des soldats une espèce de bannière roulée, la pique sur l'avant-scène, la déroule, on y lit : *Cent pièces d'or à qui saisira le comte Ludowigtz, accusé de conspiration.* Frittch et Broodz regardent ces mots avec une sorte de plaisir, et se promettent de gagner les cent pièces d'or. Hantz tire de sa ceinture plusieurs papiers, copies de l'ordonnance qu'il publie; il en distribue à ceux qui l'entourent, et notamment à Frittch et à Broodz. On doit y distinguer en tête les chiffres : *Cent pièces d'or,* etc. Lugner et Magda paraissent consternés de cette nouvelle. Les deux rustres s'en réjouissent, et redoublent de politesses envers les soldats. Ceux-ci acceptent de nouveau, remercient les paysans, et continuent leur route. Ils sortent par les coulisses de gauche, reconduits par les Bucherons qui disparaissent avec eux. Lugner et Magda, toujours plus affligés, rentrent ensemble dans le corps-de-logis à droite.

SCENE VI.

Le Comte, après avoir regardé au loin, descend de l'arbre;

la Comtesse, avec la même précaution, sort aussi des roseaux, court à son enfant, le prend dans ses bras, le fait boire; son père lui fait manger quelques fruits. L'enfant revient de son abattement; les deux époux l'apportent sur l'avant-scène; se groupent avec lui; remercient le ciel de leur avoir conservé le gage chéri de leur amour, et, à la fois, de ce qu'ils ont pu échapper à leurs ennemis. Ils vont ensuite frapper à la porte de Lugner.

SCENE VII.

Magda se présente la première, son mari la suit; tous deux reconnaissent leurs bienfaiteurs, et se précipitent à leurs pieds. Les Illustres Fugitifs les forcent à se relever, les instruisent de leur infortune, et leur demandent l'hospitalité. Magda, les larmes aux yeux, saisit la Comtesse par la main, et l'emmène chez elle avez son fils. Pendant ce temps, le Comte explique à Lugner que sa conscience ne lui reproche rien, qu'il est faussement accusé, et prend le ciel à témoin de son innocence. Le bon Lugner n'en saurait douter, et promet d'employer tous les moyens possibles pour soustraire le Comte à ses persécuteurs. Magda reparaît, apportant des habits de son mari, pour déguiser Ludowigts. On entend du bruit: c'est le retour des Bucherons qui ont reconduit les gardes. Le Comte entre se déguiser dans la maison.

SCENE VIII.

Lugner, resté en scène pour recevoir les ouvriers, va audevant, les accueille, et se dispose à leur donner le repas du soir. Frittch et Broodz obéissant à leur maître, apportent ce qu'il faut: une table grossière, des bancs, des escabelles, etc. Magda va et vient, préparant le couvert.

SCENE IX.

La Comtesse, déguisée avec des habits de paysanne que Magda lui a prêtés, reparaît, conduite par la fermière. Lugner, voyant qu'on la fixe avec curiosité, prend sur lui, et, jouant tout-à-coup la brusquerie, ordonne à la Comtesse, comme à une nouvelle servante qu'il vient de s'attacher, de servir les Bucherons. La Comtesse devine les motifs qui le font agir, et, feignant d'obéir d'un air niais et timide, profite de certains moments où les Bucherons sont occupés, pour témoigner à ses bienfaiteurs toute l'obligation qu'elle leur a. Magda, très-gênée du rôle qu'elle voit jouer à la Comtesse, sous prétexte de l'aider à lever une grosse cruche remplie de vin, lui baise la main, les larmes aux yeux. La Comtesse arrête les transports de la bonne Magda, la force à se mettre à table, ainsi que son mari; puis, elle les sert elle-même avec une sorte de plaisir.

SCENE X.

Le Comte paraît à la fenêtre du petit grenier, et devient témoin de ce qui se passe. Frittch et Broodz se lèvent de table les premiers. Ils n'ont pas cessé de lorgner la petite servante, qu'ils trouvent à leur gré, et viennent ensemble lui faire la cour. Elle répond d'un air emprunté à leur politesse villageoise. L'un lui présente un bouquet qu'il ôte de son chapeau, l'autre un ruban qu'il portait de même. Elle ne sait auquel donner la préférence, et, pour ne point faire de jaloux, accepte les deux cadeaux. Le jour baisse; le repas est fini; Lugner et sa femme se lèvent de table, ainsi que tous les ouvriers. La Comtesse se présente pour desservir; mais nos deux galans lui en épargnent la peine, en saisissant avant elle toutes les pièces les unes après les autres. Elle les remercie à mesure qu'ils font son ouvrage. Lugner et Magda lui sourient en cachette. La nuit est venue. Les Bucherons se retirent par différens côtés. Les uns rentrent dans la maison, les autres sortent par différens côtés. Frittch et Broodz entrent dans la bergerie.

Nota. Personne ne doit entrer dans la masure à gauche.

SCENE XI.

(il fait clair de lune.)

Quand Lugner se voit libre, il fait signe à Magda de sortir : elle paraît avec la Comtesse qui tient son fils par la main. L'enfant n'a point changé de costume. Magda traverse doucement la scène, et conduit les deux personnes du côté de la masure. Lugner approche en même tems de sa maison ; au moment où il est prêt d'en faire sortir le Comte, déguisé en paysan, Frittch et Broodz entr'ouvrent la porte de la bergerie, examinent ce qui se passe, sortent furtivement, et se cachent derrière le corps-de-logis, du même côté.

SCENE XII.

Au leger bruit qu'occasionne la sortie des valets, Magda fait vivement entrer la Comtesse et son fils dans la masure ; Lugner, déjà à deux pas de sa porte avec le Comte, le fait aussi rentrer dans la maison. Le Bucheron et sa femme, opposément placés, se retournent ensemble pour observer, ne voyant rien, Magda ferme la porte de la masure, dont elle a soin d'ôter la clef, rejoint son mari, et rentre avec lui dans la ferme.

SCENE XIII

Frittch et Broodz viennent en scène. Ils témoignent leur surprise d'avoir vu l'enfant et le mari de celle qu'ils prenaient pour une servante. L'un regrette son bouquet, l'autre son ruban. Broodz, se touchant le front, comme un homme tout-à-coup inspiré, fait un signe à son camarade, saute par la fenêtre du rez-de-chaussée, et disparaît dans l'intérieur de la maison.

SCENE XIV.

Frittch, étonné de cette brusque sortie, reste un moment

stupéfait, puis il se retourne du côté de la masure, et fait plusieurs gestes de menace et de vengeance.

SCENE XV.

Broodz reparaissant à la fenêtre par laquelle il est entré, saute lestement en scène. Il tient un fusil de chasse, et apporte à Frittch le premier habit du Comte, qu'il indique avoir trouvé soigneusement caché. Ils examinent ce vêtement et le reconnaissent pour être celui du proscrit; ce qu'ils prouvent en tirant vivement de leurs ceintures les copies de l'ordonnance que leur a donné le chef des gardes du Grand Duc. Ils se réjouissent, voyant qu'ils ont une si belle occasion de gagner les cent pièces d'or. Frittch, dans son enthousiasme, annonce à Broodz qu'il va chercher les gardes pour faire investir la maison, et s'enfuit à toutes jambes par la gauche du spectateur.

SCENE XVI.

Broodz reste en scène. Il examine de nouveau l'habit, le tourne de plusieurs manières, finit par s'en revêtir plaisamment, et, muni du fusil que lui a laissé son camarade, fait ensuite sentinelle, afin que personne ne s'échappe de la maison.

SCENE XVII.

Le Comte et Lugner paraissent à la fenêtre du grenier. Ils sont étonnés du travestissement de Broodz. Lugner descend; bientôt il est en scène.

SCENE XVIII.

Il demande à son valet ce qu'il fait devant sa porte avec un fusil, il veut lui ôter l'habit du Comte, et lui ordonne de rentrer dans la bergerie; Broodz refuse insolemment et de se dévêtir et de rentrer. Il montre le papier-ordonnance, expliquant qu'il veut gagner les cent pièces d'or. Le pauvre Bucheron, au désespoir, lui offre une bourse pleine. Le valet la soupèse, et la trouvant trop légère, la jette avec mépris aux pieds de son maître. Alors Lugner fait signe au Comte de descendre pour se sauver. Broodz les menace avec son fusil; Lugner s'arme d'une hache qu'il trouve sous sa main, pour protéger, malgré Broodz, la retraite du Comte et de sa famille; en même tems, Magda traverse la scène et court avertir la Comtesse.

SCENE XIX.

A l'instant où elle entre dans la masure, le bruit des gardes amenés par Frittch et commandés par Hantz, change la résolution de Lugner. Il fait rentrer le Comte. La Comtesse sort de la chaumière avec son fils, pour rejoindre son époux. Les gardes arrivent. Le premier peloton fait feu en l'air sur Broodz travesti, qu'ils prennent pour le Comte prêt à se sauver. Broodz épouvanté, tombe la face contre terre. La Comtesse, qui ignore le travestissement, croit que c'est son époux qu'on vient de frapper : elle s'évanouit. Une partie des gardes s'empare d'elle et de son fils; l'autre partie relève Broodz qui, sans être blessé, n'en est pas moins tremblant. Les Bucherons, accourus au bruit de l'explosion, le reconnaissent et se moquent de lui. On lui ôte l'habit du Comte, qu'il jette lui-même loin de lui, comme étant la cause de la peur qu'il vient d'avoir, puis il fait signe aux gardes que celui qu'ils cherchent est dans la maison. Hantz y pénètre avec une partie des siens, tandis que les autres restent en sentinelles tout autour. Lugner, couvert d'un manteau et le chapeau rabattu, fuit, venant de derrière la ferme pour gagner la montagne. Il tire un coup de pistolet; au moment où tous les gardes se retournent du côté du bruit, Magda, à la première coulisse de droite, pousse devant elle le Comte toujours déguisé, qui se glisse furtivement dans le tronc d'arbre renversé. Il n'y est pas plutôt, que Magda s'assied dessus, de manière à en masquer la principale ouverture. Tout cela se fait au moment où un peloton de gardes sort de la porte, où un autre saisit Lugner qui vient de faire feu, et où plusieurs soldats paraissent aux diverses fenêtres du logis. Lugner ôte son manteau et se fait reconnaître par les Bucherons ; le soldat qui l'a arrêté, voyant qu'on l'a trompé, fait un signe de menace. Lugner lui glisse une bourse pour qu'il se taise. On emmène la Comtesse prisonnière avec son fils ; son époux, qu'elle apperçoit seulement, veut sortir de l'arbre pour voler à son secours, Lugner et Magda l'en empêche, entourés de quelques villageois ; d'autres accompagnent de loin la Comtesse et lui tendent les bras... Le tableau devient général, la toile tombe.

Fin du premier Acte.

ACTE II.

Le théâtre représente un galerie d'une architecture gothique. Elle est ouverte et décorée de plusieurs grands portraits en pied des descendans du grand duc d'Haresburg. Au bas du tableau, à la première coulisse de droite, est une table couverte d'un tapis. Le fond de la galerie laisse voir l'intérieur de la grande cour du château. Au milieu est la porte d'entrée, décorée des armes des souverains, et fortifiée de deux grosses tours. Deux sentinelles sont posées à l'entrée de la porte et se promènent.

SCENE PREMIERE.

Plusieurs domestiques, a la livrée du Grand Duc, sont occupés à préparer la galerie : ils placent des siéges, groupent quelques rideaux, etc. l'un d'eux épouste les tableaux de famille ; il est monté sur une espèce d'estrade portative. Quand il nettoie le portrait qui est à la première coulisse, à droite du spectateur, il touche un ressort qui fait disparaître tout le fond du tableau, et laisse voir derrière une cachette masquée par la figure et les trophées qui restent. Après avoir épousté, il fait redescendre le fond du tableau qui se trouve alors dans son état ordinaire. On entend frapper à la grande porte d'entrée. Les domestiques ont fini leur ouvrage.

SCENE II.

La grande porte s'ouvre ; les gardes du Grand Duc, conduits par Hantz, amènent leur prisonnière et son fils. On les introduits tous deux dans la gallerie. Un soldat porte la dépouille du Comte; (c'est l'habit que l'on a saisi sur Broodz.) Hantz fait signe aux domestiques d'aller prévenir leur maître. Les domestiques sortent.

SCENE III.

La Comtesse, voyant les habits d'un époux dont il est possible qu'elle soit séparée pour toujours, s'abandonne à toute sa douleur. Le petit Belly veut vainement essuyer les larmes de sa mère.

SCENE IV.

Le Grand Duc paraît, il est accompagné d'un confident et suivi de plusieurs domestiques, il fait entendre qu'il est satisfait du zèle de son écuyer, et ordonne à tous de s'éloigner. Hantz et les gardes se retirent dans l'intérieur à gauche.

SCENE V.

Le Grand Duc s'applaudit à part de tenir en son pouvoir la belle Hispéria; puis se tournant vers elle, et changeant tout-à-coup de visage, il affecte la douleur, exprime le regret d'être forcé d'exécuter les ordres cruels qu'on lui a transmis. La scène s'engage: d'Haresburg finit par déclarer son amour... La Comtesse y répond par un noble dédain. On entend une annonce de trompette; le Grand Duc ordonne qu'on introduise.

SCENE VI.

Un trompette, vêtu à la livrée de l'Empereur, précède un autre officier. Celui-ci remet au Grand Duc un rouleau cacheté. Il le lit avidement, et témoigne la contrainte et le dépit: c'est la grace du comte Ludowigtz. Hispéria, inquiette, a les yeux fixés sur le Duc, et observe tous ses mouvemens d'un air mêlé de crainte et d'espoir. L'officier fait un signe au trompette; au moment où ce dernier porte l'instrument à la bouche, le guidon se déroule, on y lit : DE PAR L'EMPEREUR, GRACE DU COMTE LUDOWIGTZ.

Le trompette doit être placé de manière que la Comtesse ne puisse voir ces mots. Le Grand Duc frémissant de colère, se retourne vivement, saisit la trompette et froissant le guidon, la remet dans cet état au porteur. Ensuite, d'un air honnête, mais absolu, il fait signe à l'officier d'entrer dans l'appartement à gauche, suivi de son compagnon. Il remet à Hantz le rouleau qu'il vient de recevoir, en lui commandant tout bas de l'échanger contre un autre dont il paraît lui tracer le contenu. L'écuyer sort.

SCENE VII.

Hispéria s'approche timidement du Duc, le questionne d'un air inquiet, et paraît lui demander communication d'un ordre qu'elle croit relatif à son époux. Le Duc, avec une physionomie où se peint la fausseté de son ame, semble la plaindre et redouter de lui dire la vérité. Hispéria le presse, le conjure de la satisfaire, et, les larmes aux yeux, lui montrant son fils, se précipite à ses pieds ; le Duc feint de céder à regret ; il la fait relever, remonte la scène, et ordonne à son écuyer de paraître. Hantz revient, remettant au Duc un rouleau parfaitement semblable au premier ; le Duc, en soupirant, le développe aux yeux d'Hispéria, on y lit : *La mort.* La Comtesse tombe sur un canapé placé à gauche du spectateur ; le petit Belly caresse sa mère pour tâcher de la faire revenir ; le Duc donne des ordres, on s'empresse de secourir la Comtesse. Il se place près d'elle, lui fait respirer quelques odeurs, elle revient par dégré, il la console d'un air hypocrite, elle le reconnaît, se lève pour le fuir, l'enfant court dans les bras de sa mère. Le Duc fait un signal.

SCENE VIII.

Un quadrille de dames, richement vêtues, apportent des

refraîchissemens à la Comtesse, lui présentent des vêtemens magnifiques, plusieurs écharpes de différentes couleurs. De tous ces dons, elle n'accepte qu'une écharpe noire, symbole de sa profonde douleur; elle la ceint en répandant des larmes. Le Duc lui présente lui-même un riche diadême; elle le refuse par un geste absolu.

SCENE IX.

On entend les vassaux du duc d'Haresburg. Lugner et sa femme se montrent les premiers à la grande porte du fond. On leur permet d'entrer. Ils tiennent tous des bouquets qu'ils viennent présenter au Grand Duc. Celui-ci ordonne de les offrir à la belle Hispéria. Magda pose une couronne de fleurs sur la tête de Belly, et occupe un moment le Duc en lui faisant remarquer les graces de son petit nourrisson; pendant ce temps, Lugner approche de la Comtesse, tire furtivement une lettre de sa ceinture; la cache sous la toque qu'il tient à la main et sur laquelle est posé une couronne d'immortelles. Il se place de manière à tourner le dos au Grand Duc. Il élève sur sa toque les immortelles comme s'il se disposait à couronner Hispéria; alors, de la main qui est en-dessous, il laisse tomber la lettre sur les genoax de la Comtesse. En ce moment, le Duc est derrière elle. Lugner le voit, et, ne soutenant plus que la couronne, laisse tomber la toque sur les genoux de la Comtesse, pour masquer la lettre qui vient d'y tomber aussi. Hispéria avance vivement la main, saisit la lettre, l'attire sur le côté de sa robe, et reste dans cette attitude. A l'instant où la toque tombe, le Duc la relève, la regarde, et ne voyant rien, la remet à Lugner. Ensuite, d'un air satisfait, il pose la couronne d'immortelles sur la tête de la Comtesse. Lugner, par un mouvement, a dû annoncer sa crainte: Hispéria sourit au Duc, comme pour lui faire entendre qu'elle est touchée de son hommage. Lugner, le saluant avec emphase, lui montre la porte d'entrée, et demande la permission d'introduire le reste de ses camarades. Pendant qu'il occupe ainsi le Duc, Hispéria, aidée par Magda, qui tourne exprès autour d'elle, cherche à lire le billet. Elle est interrompue plusieurs fois par les mouvemens et les regards du Duc, qui semble l'interroger avant d'acquiesser à la demande du fermier. La Comtesse, sans pouvoir la lire, est forcée de cacher la lettre. Le Duc fait signe de laisser entrer les paysans. Hantz, confident du Prince, vient en scène près de son maître.

SCENE X.

Tous les paysans, introduits par Lugner, apportent, dans une caisse bien décorée, un très-gros oranger garnie de rubans de toutes couleurs; sur la caisse, on voit les armes du Grand Duc, couronnés par un petit amour. Le Grand Duc enchanté, donne une bourse à Lugner. Celui-ci fait placer l'oranger entre la Comtesse et le Duc. Le confident du Prince se tient près de lui. On dessine différens groupes. La Comtesse saisit les instans qui la dérobent aux regards du Duc, pour tâcher de lire sa lettre. Hantz s'apperçoit qu'on trompe son maître : il lui fait part de cette idée; le Duc regarde la scène avec attention. Hispéria cache vivement la lettre dans son sein. Elle se lève, et vient près d'Haresburg, le remercier, d'un air affectueux, des soins qu'il prend de calmer sa douleur. Le Grand Duc reçoit ce remerciement avec un sourire sardonique; puis, se tournant vers son écuyer, il jette un coup-d'œil expressif sur le tableau machiné; annonce à la Comtesse qu'il va se retirer, et la laisser avec les bons villageois. Il lui baise la main avec hypocrisie, fait signe à ses gardes de le suivre, et sort avec eux par la droite du spectateur.

SCENE XI.

Hispéria, enchantée de la retraite du Grand Duc, a peine à contenir sa joie. Lugner, Magda et tous les villageois restent un moment immobiles. Quand on peut supposer que le Duc et ses gens sont éloignés, Lugner groupe ses amis à toutes les issues, de crainte d'être surpris par le retour du Duc. Il place les femmes en haie au fond de la scène, pour faire un rideau qui masque la cour. Magda a volé auprès d'Hispéria qui la comble de caresses ainsi que Belly. Lugner revient en scène, touche la caisse de l'oranger... elle s'ouvre.

SCENE XII.

Le Comte Ludowigtz en sort ; il se précipite dans les bras de la Comtesse et de ses généreux amis ; prend son fils, l'arrose de ses larmes. En ce moment, on voit descendre tout doucement le double fond du tableau machiné. Le Grand Duc paraît derrière les personnages peints.

SCENE XIII.

Il voit les époux réunis, et qui se font serment de fidélité en invoquant le ciel. Il témoigne sa fureur à mesure qu'il voit éclater la joie et l'espoir des Illustres proscrits. Hispéria montre à son époux la lettre consolante qu'elle tient des mains de Lugner, et la remet dans son sein ; puis, saisissant sur la table le papier sur lequel sont écrits ces mots : *La mort.* Elle le présente à Ludowigtz, qui le déchire et le jette loin de lui avec indignation. Haresburg témoigne sa fureur, et ne peut concevoir comment Ludowigtz a pu être introduit : il remonte doucement le double fond du tableau, et disparaît. Aucun des personnages en scène ne s'est apperçu de ce piège.

SCENE XIV.

Peu de tems après, il se fait un bruit qui annonce le retour du Duc et de ses satellites. Les villageois viennent se remettre dans le même ordre où ils étaient à la sortie du Prince. Lugner force Ludowigtz à rentrer dans la caisse de l'oranger. Au moment où le Grand Duc paraît, elle est fermée.

SCENE XV.

D'Haresburg entre suivi de ses gardes qui cernent tous les

villageois. Il reste stupéfait de la disparution du Comte. Il le cherche partout ; il croit le découvrir au milieu de ses vassaux, il les examine tous, et, furieux de ne point le reconnaître, pour prouver à Hispéria qu'il est instruit de ce qui s'est passé, il lui montre le papier qu'il a vu déchirer par Ludowigtz, et lui ordonne de lui remettre la lettre qu'elle a cachée dans son sein. Elle refuse. D'Haresburg outré, commande à ses satellites de s'emparer de la Comtesse. Envain Magda et le petit Belly se jettent à ses pieds pour obtenir la grace d'Hispéria. Le Duc lui-même va pour entraîner sa victime ; à l'instant, la caisse de l'oranger s'ouvre... Ludowigtz armé en sort.

SCENE XVI.

Il va pour se précipiter sur son odieux rival, le Duc tire son épée, fait un geste, tous les gardes se jettent sur le malheureux Ludowigtz. En même temps, Lugner saisit l'enfant, le remet à sa femme, qui l'enveloppe de son tablier et disparaît avec lui. Le Duc ordonne à une partie de ses gardes de chasser les paysans. Les soldats mettant l'arme en avant, les font tous sortir par la porte du fond. Lugner s'éloigne, chassé comme les autres. Ludowigtz succombe sous le nombre. On le sépare de son épouse. Le Grand Duc triomphe. Tableau général, la toile tombe.

Fin du second Acte.

ACTE III.

Le théâtre représente, à gauche du spectateur, les dehors du château-fort du grand duc d'Haresburg. A la seconde coulisse, une porte d'entrée très-fortifiée. Elle tient à un gros mur de rempart, qui forme un angle saillant, faisant face au public, et qui, après avoir repris la ligne paralèlle des coulisses, continue jusqu'au dernierplan, où est une grosse tour avec une galerie découverte, et sous laquelle on voit plusieurs embrâsures. Le pied de cette tour baigne dans un grand lac. Le rempart de la forteresse est accessible. On y voit une guérite ainsi qu'un grand mât dressé, et propre à faire des signeaux. Sur l'angle du rempart, en avant, est une espèce de loge avec une fenêtre peu élevée et garnie deforts barreaux de fer. Au pied du mur, sous la fenêtre, est une grosse borne en nature. A quelque distance, sur la scène, une autre guérite. Dans le fond près du lac, et non éloigné de la tour, un vieux arbre très-touffu incliné du côté opposé a la tour.

SCENE PREMIERE.

LE point du jour. Quatre heures sonnent. Le grand duc d'Haresburg paraît sur le rempart, suivi de Hantz, son écuyer. Après avoir fait éloigner les sentinelles, il regarde du côté du lac. Hantz, en même tems, hisse un pavillon de couleur au haut du mât indiqué.

SCENE II.

Après quelques instans d'attente, on voit paraître sur l'eau, une barque à la voile; elle est conduite par deux hommes; un troisième y tient une torche allumée, c'est Wrettch avec deux de ses pirates. Il hisse un pavillon noir au haut du mât de sa barque. Hantz lui répond en hissant une flamme rouge. Le Duc descend du rempart, Wrettch débarque en silence et s'avance en scène, suivi de ses compagnons. Ils ont tous trois des figures rebarbatives, sans cependant être trop mal vêtus. Le Duc arrive en scène par la grande porte du fort; il montre aux pirates la tour où est renfermé Ludowigtz, prend la torche de Wrettch, exprime par ses gestes qu'il faut mette le feu à cette tour; Wrettch lui fait signe qu'il comprend. Il répète la pantomime du Duc, et tend la main comme marque d'adhésion à sa volonté, d'Haresburg lui donne plusieurs bourses pleines d'or et rentre dans le château. Les pirates se rembarquent. Le jour paraît.

SCENE III.

Lugner en manteau de villageois, et portant une musette, entre en scène du côté droit. Il regarde partout dans la forteresse, prend sa musette, et joue un air plaintif. A la seconde reprise, le comte Ludowigtz enchaîné, paraît au haut de la tour, il reconnaît Lugner. Le bucheron lui fait des signes, va vîte chercher un rouleau de grosses gordes, un paquet de hardes très-serré, déroule une pelote de ficelle, à laquelle il attache d'un bout, une pierre assez grosse, et la jette sur la tour où est le Comte. Celui-ci la ramasse, et par ce moyen tient un des bouts de la ficelle. Lugner attache à l'autre extrémité, le rouleau de grosses cordes, le Comte le tire à lui; sitôt qu'il en est possesseur, il renvoie à Lugner le premier bout de la ficelle, où est attaché la pierre. Lugner la reçoit, et par le même moyen, se dispose à lui faire parvenir les vêtemens nécessaires pour le déguiser de nouveau, et des limes pour couper ses fers; mais le Comte voyant, du haut de la tour, venir des gardes de l'intérieur, fait signe à Lugner de se retirer, et lui abandonne le cordage. Puis il se renfonce dans sa prison. Lugner ramasse ses paquets, et court se cacher dans les coulisses de gauche.

SCENE IV.

Hantz, avec un peleton de gardes, arrive sur le rempart. Il pose une sentinelle qui se promène sur le milieu, une autre qu'il place sur la galerie, au bas de la prison du Comte, enjoignant au soldat d'en faire souvent le tour. Le Comte se montrant un peu à travers les créneaux, déplore cette nouvelle infortune, Lugner de son côté, en paraît accablé. Un instant après, Hantz vient en scène par la grande porte, et place une troisième sentinelle à la guérite désignée. Il montre au soldat, qu'il faut toujours avoir les yeux sur la tour, et rentre ensuite au château. Lugner et le Comte se sont cachés à la dernière apparition de Hantz. Il est grand jour.

SCENE V.

Les trois sentinelles se promènent, et veillent exactement. Hyspéria, un livre ouvert à la main, paraît sur le rempart, feint de lire, et regarde furtivement autour d'elle. Elle cherche peut-être son époux; elle intérroge les deux sentinelles près desquelles elle passe, leur offre de l'argent; mais pour toute réponse, chaque soldat lui tourne le dos. Elle témoigne son chagrin, et vient se placer à la fenêtre grillée sur le rempart, à l'angle du gros mur. Là elle se livre à toute sa douleur.

SCENE VI.

Entrée de tous les Bucherons en habits de travail. Ils se mettent à abattre les arbres qui sont au fond de la scène, et notamment celui qui est indiqué sur le même plan de la tour. Deux jeunes Bucherons montent au sommet dans les branches, et y attachent des cordages. Enfin, ils font tout ce que le travail exige, pour remplir leurs vues.

SCENE VII.

Lugner, déguisé en pauvre vieillard, le chapeau sur les yeux, portant une grande hotte chargée très-haut; puis, surmontée d'une boîte quarrée, d'environ deux pieds et demi, entre en scène par la première coulisse de gauche. Il est chancelant et accablé sous le poids. Lorsqu'il passe auprès de la sentinelle, il fait un faux-pas. Le soldat qui se promène, lui aide à reprendre son à-plomb. Le vieillard le remercie, et lui demande la permission de se reposer sur la grosse borne indiquée sous la fenêtre grillée, où se trouve en ce moment la Comtesse. Elle ne reconnaît pas Lugner; mais, émue de pitié, elle tire une bourse, y prend une pièce d'or, la jette au vieillard, à l'instant où il se repose sur la borne avec sa hotte. Lugner se retourne au bruit que fait la pièce en tombant. Il reconnaît Hispéria, et, ôtant son chapeau, saisit l'instant où la sentinelle ne le regarde pas pour se montrer à la Comtesse qui le reconnaît à son tour. Alors, elle se renfonce un peu. Lugner s'est posé sur la borne, sans avoir quitté sa hotte. Il tourne le dos à la grande porte, fait face au soldat, et l'amuse, en paraissant causer avec lui. Il tire une petite bouteille d'osier, lui offre un coup à boire; la sentinelle accepte. Il lui présente ensuite du tabac. Pendant cette scène, la boîte que porte Lugner dans sa hotte, s'ouvre sur le côté qui fait face à la porte du château. Cette boite se trouve à portée de la fenêtre. Le petit Belly en sort à moitié, passe à sa mère, à travers les barreaux, les déguisemens, un paquet de limes, une lettre, et se renferme ensuite dans sa boîte, en envoyant des baisers à sa maman. Lugner reprend sou chemin avec son fardeau, et touche la main de la sentinelle. Il sort par le fond de la scène. Le soldat qui n'a rien vu, reprend sa promenade. Pendant cette scène, les Bucherons ont déjà abattu quelques petits arbres.

SCENE VIII.

Hispéria cache, sous sa robe, les paquets quelle a reçus;

parcourt la lettre, et témoigne, par ses gestes, qu'elle apprend que son époux est dans la tour près d'elle. Alors, elle reprend sa promenade ; marche d'un air mélancolique, comme si elle lisait encore dans son livre ; arrive au bas de la tour, sur le rempart, au pied de la galerie ; et, au moment où la sentinelle de la tour passe par derrière, où le soldat du rempart, qui se trouve près d'elle, se retourne pour marcher, faisant face au public, elle tire vivement ses deux paquets, les jette en l'air par dessus les murs de la tour... A peine est-ce fait, que la sentinelle du rempart se retourne, et que l'autre paraît au bout de la galerie, faisant face à la Comtesse qui a déjà repris son livre.

SCENE IX.

Lugner reparaît au fond du théâtre, à gauche. Il est vêtu de son habit ordinaire, va rejoindre les ouvriers, et se met à diriger leurs travaux. Le gros arbre commence à s'ébranler, et semble devoir tomber de gauche à droite... Lugner le fait étayer avec de fortes pièces de bois.

SCENE X.

Le Grand Duc paraît sur le haut du rempart. Hispéria est auprès de lui. Il lui fait voir l'étendue de ses domaines. Plusieurs villageoises, tenant des guirlandes, accourent sur la scène, et viennent se placer devant le Duc et la Comtesse. Le Duc applaudit à leur zèle. Elles forment différens groupes. Bientôt le ciel s'obscurcit, la foudre gronde, quelques gouttes d'eau sont censées tomber. Le Duc se retire, et emmène Hispéria. Les sentinelles entrent dans leurs guérites.

SCENE XI.

Les villageoises ne paraissent point effrayées de l'orage et s'abritent élégamment avec leurs tabliers. Les travaux des Bucherons ne sont point interrompus. L'arbre s'ébranle. Il est prêt à tomber. Les Bucherons le soutiennent, au moyen des cordages, et, à l'ordre de Lugner, en contrarient la chûte. Ils le font pancher de gauche à droite ; le tiennent placé de manière que la tête de l'arbre, qui est fort touffue, se trouve raser le sommet de la tour. Le Comte a limé ses fers, et, travesti en ouvrier, se montre au haut de la tour. Il est prêt à descendre dans les branches de l'arbre. A ce moment, un groupe de villageoises, sur le devant de la scène, barricade, avec des guirlandes, la sentinelle dans sa guérite. Le Comte, au sommet de l'arbre, descend vivement de branche en branche, et arrive ainsi jusqu'à terre ; les Bucherons, qui le voyent, rendent à l'arbre sa direction naturelle. A peine Ludowigtz est-il descendu, que les sentinelles sortent de leurs guérites, pour se remettre à leurs postes. Le soldat qui est en scène auprès de la porte, voyant les villageoises se retourner, brise les guirlandes, sort vivement de sa guérite, et donne un coup-d'œil autour de lui : c'est au moment où le Comte touche à terre, et où l'arbre tombe avec fracas. Le Comte, près de la sentinelle, a saisi un outil, comme s'il venait lui-même de travailler. Les pauvres Bucherons enchanchantés, saisissent des bouteilles pour se rafraîchir, et plus encore pour se réjouir du succès de leur entreprise. Lugner donne la sienne au Comte, en même tems qu'il en offre une autre au soldat qui se trouve alors près de lui.

SCENE XII.

Une vive fusillade se fait entendre sur le lac. On voit paraître une grande quantité de pirates dans des barques à voiles. Ils sont conduits par Wrettch, et tiennent tous des torches allumés. Les paysans se sauvent. Le Comte part avec eux. Les pirates mettent le feu à la tour, en jetant des flambeaux allumés et des matières combustibles. Ils lancent aussi des bombes. Bientôt la tour paraît en feu.

SCENE XIII.

Le Grand Duc, avec ses gardes, arrive sur le rempart. Il semblent donner des ordres pour la défense. Après avoir posté quelques soldats, il descend en scène, et fait marcher des troupes vers le rivage. Les pirates se sauvent à toutes voiles. Hispéria paraît sur les traces du Duc. Elle voit la tour en flammes. Elle veut s'élancer au secours de son époux qu'elle croit encore prisonnier. On la retient. Une détonation terrible se fait entendre. La tour écroule avec fracas. Hispéria s'évanouit. Fausse douleur du Duc. Il la soutient, semble la plaindre et cherche à la consoler. Toutes les troupes garnissent le rempart. Une petite partie est près du Duc sur la scène.

SCENE XIV.

Lugner et le Comte, encore déguisé, arrivent à la tête de tous les paysans armés, mais qui cachent leurs armes avec soin, ils se placent tous en face des gardes, et attendent le signal pour enlever, de vive force, la Comtesse des mains de son persécuteur. Le Grand Duc jouant la consternation, montre aux Villageois le malheur qui est arrivé, il fait un signe. Le trompette, qui a paru au second acte, sort du château, se place au milieu de la scène, sonne une fanfare, et publie la grace du comte Ludowigtz, en montrant sur le guidon de son instrument, les mots : DE PAR L'EMPEREUR, GRACE DU COMTE LUDOWIGTZ. Le Duc les fait voir lui-même à tous ses gardes et vassaux, il affecte la plus profonde douleur, montre la tour en levant les yeux au ciel. La Comtesse revenue à elle, fixe l'inscription. A l'instant les paysans, sortent tous leurs armes, et se mettent en attitude de défense. Le comte Ludowigtz jetant loin de lui son déguisement, s'élance hors du groupe des paysans, avec son fils qu'il tient dans ses bras, la Comtesse le reconnaît, et court lui servir de bouclier. Le Duc demeure un instant immobile, bientôt désespéré, n'ayant plus qu'à mourir, il se frappe lui-même et disparaît par la grande porte du château, suivi de son écuyer et de ses domestiques.

SCENE XV ET DERNIERE.

Au moment où le Comte s'est précipité dans les bras d'Hispéria, les paysans se sont mêlés avec les gardes du Duc, qui, indignés de la conduite de leur maître, n'ont fait aucune résistance. Le Comte et la Comtesse témoignent à leurs bienfaiteurs une juste reconnaissance. Ceux-ci indiquent que c'est au ciel qu'il faut adresser ses vœux.

Tableau général. La toile tombe.

FIN.

www.ingramcontent.com/pod-product-compliance
Lightning Source LLC
LaVergne TN
LVHW010408240826
846091LV00020B/2837